L m 84.

MÉMORIAL NOBILIAIRE

DU

RÈGNE DE LOUIS XIV

Paris. — Typographie HENNUYER, rue du Boulevard, 7.

MÉMORIAL NOBILIAIRE

DU

RÈGNE DE LOUIS XIV

CONTENANT

Les noms de toutes les familles
qui se sont illustrées dans le clergé, dans les armées
de terre et de mer, dans la magistrature,
dans les finances,
dans les belles-lettres et dans les arts

AVEC

UNE INTRODUCTION HISTORIQUE

PAR

L. SCHAUER

Nec pluribus impar.

PARIS

LEDOYEN, LIBRAIRE (PALAIS-ROYAL),
GALERIE D'ORLÉANS, 31.

1863

INTRODUCTION HISTORIQUE.

Quoi que aient dit et écrit des historiens d'une philosophie mal interprétée, à raison de leur peu d'amour pour la société, la religion et l'Etat, le siècle de Louis XIV présentait, dans toutes les classes de la société, des trésors de franchise et d'honneur. Les hypocrites étaient démasqués avec privilége du roi, les vices de toute espèce étaient livrés au mépris général, et si Vauban, Catinat, Schomberg et Tourville combattaient avec avantage les ennemis du dehors, Molière, Regnard, Boileau, Destouches, La Bruyère et Pascal

1.

ne combattaient pas avec moins de gloire les ennemis du dedans.

Depuis longtemps le génie de la civilisation avait chassé les ténèbres de la barbarie, un jour nouveau avait lui sur la France. De sublimes clartés illuminaient l'horizon intellectuel. La nature humaine, agrandie et épurée, se présentait aux regards de l'histoire avec un air de fête, et comme parée pour une mystérieuse solennité. On eût dit que la Providence avait changé les destinées de l'homme, et que ce globe était devenu le séjour de créatures plus élevées dans la hiérarchie des intelligences. La civilisation avait opéré ces prodiges. Le germe des beautés morales placé dans le cœur de l'homme avait fructifié sous la main du temps. Ineffable produit de la toute-puissance de Dieu, un être faible s'était élevé par degrés vers la perfection : il avait roulé longtemps, éperdu, dans l'abîme des ténèbres, embrassant le crime et la superstition, et tout à coup, poli par le frottement des siècles, il s'était élancé, fier et majestueux, sous le portique du temple des arts et de la gloire.

Oui, qu'il est noble et grand ce siècle de Louis XIV, où la civilisation s'offre brillante de tout l'éclat de la jeunesse! Dans sa folâtre effervescence, la voyez-vous qui se couronne de fleurs et qui sourit d'amour sur le trône que le temps lui a préparé? Tous les arts, toutes les gloires se groupent autour d'elle pour orner son triomphe. On ne sait vraiment pas s'il faut attribuer l'apparition de tant de génies, dans tous les genres, à une prodigalité de la nature plutôt qu'aux influences morales de l'époque, ou même à la science du prince qui, né pour sentir tous les talents, leur donne une vie nouvelle en les rapprochant du trône.

Le siècle de Louis XIV offre à la pensée

le printemps de la civilisation : son automne, où son fruit sera cueilli dans sa maturité, arrivera plus tard, après la saison brûlante des foudres et des orages. Mais, hélas ! que de larmes répandues, que de sang versé, avant que la civilisation soit descendue du sommet de l'édifice social jusqu'à sa base !

Quand Louis XIV a dit : *L'Etat, c'est moi*, il exprima sa pensée dominante, et il a fourni à l'histoire, dans un seul trait, le tableau de son règne.

C'est qu'en effet, Louis XIV est resté seul en présence de tant de chefs-d'œuvre; mais son ombre, majestueuse et fière, semble encore exciter les inspirations du génie et lui montrer de loin le templede la gloire. A ses côtés une cohorte de talents arrivent jusqu'à nous sur les ailes des souvenirs. On dirait une caravane brillante qui voyage vers la postérité, en traversant les champs du passé. Quels flots de gloire! quelle abondance de miracles! Ici, Corneille élève les âmes par la majestueuse énergie de ses vers; là, Racine attendrit les cœurs, et sa muse mélodieuse, en disant les ravages, les passions, répand un baume consolateur sur les infortunes humaines; plus loin, le sévère Boileau promène son compas réformateur sur toutes les difformités morales : dédaignant les enchantements de l'imagination et les brûlantes inspirations du cœur, il fut poëte à force d'esprit et de goût. Mais, qu'entends-je? c'est le grand Bossuet qui célèbre les solennités de la tombe : indigné de ne trouver au fond des choses humaines que le néant, le voilà qui du haut de la chaire évangélique appelle à grands cris l'immortalité! Que son éloquence est magnifique! comme elle retentit douloureusement dans les profondeurs du cercueil! A ses côtés, Bourdaloue aussi vrai, quoique

moins sublime, élève l'édifice de la morale et de la foi sur des bases à la fois
brillantes et solides. Massillon vient
après : plus rhéteur, moins inspiré, il ose
faire entendre, dans un langage harmo-
nieux, des vérités sévères, tandis que
Fénelon, offrant des leçons à l'avenir,
cherche, dans l'idéal des mœurs antiques,
un modèle qui puisse guider les civilisa-
tions modernes. Partout la voix d'un génie
réformateur se fait entendre : dans les
temples, il a pour organes Bossuet, Bourdaloue, Fénelon. Molière est son inter-
prète dans les fêtes publiques; avec quelles
armes victorieuses ce dernier attaque le
ridicule, ce grotesque enfant d'une barbarie expirante et d'une civilisation qui
s'essaye à la vie. Chez les nations sau-
vages, cela est reconnu, il n'y a point de
ridicule; sa puissance est bien affaiblie
chez les peuples très-civilisés; mais il
règne en souverain à ces époques dou-

teuses où les uns ont assez d'esprit pour
le signaler, les autres assez de la rouille
des vieilles mœurs pour l'adopter. C'est là
ce qui a offert de si fertiles moissons au
génie de Molière. Il est secondé par le
piquant et ingénieux La Bruyère, qui sait
fixer sous sa plume les traits de ces ridicules de mœurs plus que de caractère,
qu'on aperçoit d'autant moins qu'ils
inondent et fascinent la société tout entière. On les voit étayés tantôt par des
préjugés bizarres, tantôt par la mode,
cette déesse des futilités qui fait souvent,
au lieu de l'embellir, grimacer l'espèce
humaine. Mais quel est cet homme ina-
perçu dans la foule, signalé par la gloire?
C'est le bon La Fontaine, le dieu de l'al-
légorie; le plus paresseux des poëtes de
son siècle, il s'est chargé de la tâche la
plus difficile dans le grand travail de la
pensée humaine, dont Louis XIV semble
avoir si habilement distribué les rôles.

Tandis que d'autres réformaient les ridicules, il réformait les vices : pour les extirper, il orna son scalpel de fleurs, afin de cacher à la nature malade l'appareil de la blessure. Qu'il est sublime dans sa simplicité! qu'il est énergique dans ses grâces naïves! il est inimitable à la fois et par la supériorité de son génie et par l'espèce de bonheur avec lequel il fut servi par la langue française. Jeune encore, elle conservait dans ses tours tout le folâtre abandon de l'enfance. Aux jours de sa maturité, sa hardiesse, son énergie eussent épouvanté l'apologue. Parmi tant de poétiques richesses et parmi ce luxe des arts, on eût dit que la civilisation était descendue sur la terre du haut de ces régions élevées où elle domine les flots toujours mobiles des pensées humaines.

Et Perrault et Mansard, Le Sueur et Le Poussin, Lulli et Rameau, puis encore Turenne et Condé, Luxembourg et Villars, Lamoignon et d'Aguesseau ! N'avons-nous donc pas raison de dire que tout ce règne n'est qu'une fête, qui avait le genre humain pour spectateur, et que tout y participe à la majesté du trône.

C'est là pourtant ce siècle majestueux que l'esprit de la Révolution, après avoir déployé ses forces et abusé de sa propre énergie, a appelé un crime historique. Que faisaient à ces gens-là, qui forgeaient les chaînes de l'esclavage avec la boue dans la lie des populations, et la gloire et les revers de Louis XIV ?

Hélas ! ce siècle, que l'Europe avait vu si grand, eut, comme toutes les choses humaines, les jours brillants de l'adolescence, l'éclat de l'âge mûr et les tristes langueurs de la vieillesse : il lui était réservé de montrer à la fois toute la pompe et tout le néant des terrestres destinées.

Louis XIV, à son lit de mort, enseignant à son fils l'art de gouverner, et faisant l'humble aveu de ses fautes, offre à l'histoire un spectacle plus grand que Louis XIV entouré de l'éclat de la victoire, du prestige de la puissance et de tout cet appareil de gloire dont il accabla, pour ainsi dire, la renommée. Il était beau de voir le favori de la fortune reprochant à la fortune ses trompeuses faveurs, et seul, en présence de l'Eternel, faiblement distrait par le bruit vague des grandeurs humaines, qui fuyait dans le lointain du passé, proclamer le saint nom de Dieu ! Comme elle s'abaissa tout à coup pour passer sous l'humble portique du tombeau, cette ombre si fière jusque dans le trépas ! Et quand il ne resta plus qu'un peu de poussière de tout cet amas de grandeurs, une nuit de deuil enveloppa la France. La muette statue du sort dominait toutes ces ruines. L'ombre de Bossuet semblait gémir autour d'elles :

on eût dit qu'un saint courroux l'animait et qu'elle applaudissait à cette grande conquête du néant sur nos vanités.

Sous ce prince, les sciences et les lettres avaient produit l'admiration, poli les mœurs et formé l'opinion. Sous Louis XV, elles sacrifièrent tout pour se rendre agréables à la multitude.

Voltaire, qui régnait en souverain dans l'empire des lettres, donna le signal de cette nouvelle servitude. Tout fut sacrifié à un désir immodéré de briller, en flattant les idées dominantes. On aima mieux lancer un sarcasme qu'annoncer une vérité, lorsqu'on savait que le sarcasme faisait sourire le lecteur; tandis que la vérité, passant d'abord inaperçue sous ses yeux, ne produisait qu'à la longue son heureux fruit. Cette disposition amena un double résultat : lorsque la philosophie sut se maintenir à la hauteur qui lui est naturelle, elle laissa briller des éclairs de génie ; quand, au contraire, elle voulut flatter les passions, elle ne débita que des chimères.

Dès que la philosophie eut choisi un chef, elle devint un parti. Elle commença par être animée de l'esprit de réforme, elle finit par avoir l'esprit de destruction. Elle partit au signal de l'opinion, et bientôt l'opinion se vit entraînée par elle. La société toute entière se trouva infectée d'une certaine morgue philosophique, qui, regardant avec dédain toutes les productions du passé, semblait considérer l'avenir comme sa conquête. La devise du temps était : *Tout croire, excepté ce qu'ont cru nos pères.* L'esprit public de cette époque se produisit tout entier dans ce monument colossal, l'*Encyclopédie*, véritable pyramide intellectuelle élevée contre le Ciel par une philosophie présomptueuse.

On dirait, au titre de l'ouvrage, qu'il n'est que la concentration des rayons de l'intelligence humaine dans la recherche de la vérité ; mais à peine en a-t-on lu quelques pages, que l'on sent, malgré soi, que le génie des haines et des vengeances a dicté cet abominable travail déicide.

La philosophie était alors dans la ferveur de son adolescence ; elle se livrait avec violence à la déclamation. Voltaire, souvent sublime quand il peignit les passions humaines, ne fut qu'un froid discoureur, quand il voulut saper les bases de la morale ; son esprit se glaçait en passant dans l'atmosphère ténébreuse de l'athéisme. Diderot, qui fonda sa réputation moins sur ses travaux que sur une espèce de complicité philosophique, fut célèbre par son incrédulité : il encensa l'idole du néant. Son style vague et boursouflé était l'image fidèle de ses opinions philosophiques : c'était un transparent léger au travers duquel on apercevait l'abîme du vide.

2.

D'Alembert, après avoir voyagé hardiment sur les sommités des sciences exactes, ne sut pas toujours se garantir des préventions de l'esprit de parti. Il était porté à considérer le résultat de ses opinions en morale et en politique comme des produits mathématiques : il les défendait avec une opiniâtreté qui tenait essentiellement de l'entêtement.

Condorcet, avec moins de talent, approcha davantage peut-être de l'impartialité philosophique : il eût été plus propre à trouver cette règle de proportion morale d'après laquelle on aurait dû faire la part du passé et celle de l'avenir.

Un homme plus étonnant parut : élevé dans la solitude, il avait plus profondément senti les beautés de la nature ; il reproduisit dans son style toute la poésie de ses premières émotions. Mais aux charmes de ses souvenirs se mêlèrent les amertumes de sa vie. Tous ses ouvrages se ressentirent de cette double disposition de son âme. Il animait la nature sauvage de l'idéale perfection que peut seule rêver la nature civilisée, et *néanmoins il semblait proscrire la civilisation elle-même.* Tous ses sentiments partant de son âme, il fut vrai pour son malheur. Comme il demeura étranger à la cabale philosophique, ce que Voltaire, satan intellectuel, ne lui pardonna jamais, l'esprit de parti ne dénatura pas ses pensées; il fut éloquent; aussi produisit-il une impression profonde sur l'état social. Il se laissa entraîner par l'idée dominante de l'époque, l'esprit de réforme; mais il traita cette idée à sa manière. Tandis que la secte philosophique demandait cette réforme avec sarcasme, Rousseau la sollicitait avec la chaleur persuasive de l'âme; aussi obtint-il davantage et de l'opinion et de la renommée. Il imposa aux esprits toutes ses impressions, il leur fit partager et ses heureuses inspirations et ses fatales erreurs.

Mais tous les secrets de la haute civilisation n'étaient point encore descendus sur la multitude ; elle n'y fut initiée que par la progressive influence des lettres. A la fin du règne de Louis XV, les flambeaux littéraires avaient eu le temps de luire sur la nation et d'en réchauffer les masses inertes. Les esprits se trouvaient préparés à recevoir la vérité et l'erreur, vain simulacre de la vérité. On était à l'affût de tout ce qui pourrait s'offrir de nouveau dans le domaine de l'intelligence. La sensibilité nationale travaillée outre mesure par ces écrits s'était prodigieusement accrue ; il ne pouvait se faire un mouvement dans une partie sans que toute la masse sociale n'en fût ébranlée. D'ailleurs, et pour nous cela n'a rien d'étonnant, il sera toujours plus facile d'agiter les peuples en leur présentant les inté-

rêts matériels de la politique qu'en leur
offrant les intérêts purement moraux des
beaux-arts : et ceux qui se livrent à l'art
perfide et dangereux des révolutions le
savent mieux que nous. N'est-ce pas là
la constante théorie des révolutions ? C'est
que l'empire des arts est un règne de
paix ; la révolte ne saurait le troubler,
par cela même que le despotisme ne saurait s'y introduire ; mais ce n'est pas là
la théorie révolutionnaire : pourvu qu'elle
agite, qu'elle remue, qu'elle proclame les
droits des peuples, l'indépendance des
peuples, le mépris de l'autorité souveraine, et qu'elle obtienne des vivats dans
les cabarets, le triomphe de ses idées est
assuré. Que lui faut-il de plus ? *elle plaît à
la multitude !* Est-ce une raison {pour
qu'elle plaise au pouvoir, protecteur né,
protecteur sacré des droits de la multitude, comme il est le gardien de la morale
publique et, nous dirons plus, nationale ?

Que dire de l'*Histoire philosophique du commerce des Européens dans les deux Indes*, par l'abbé de Raynal ? Cet ouvrage manqua son but pour avoir voulu trop brusquement l'atteindre. Cette remontrance, en cinq ou six volumes, adressée aux rois et aux prêtres, ne parut qu'une savante déclamation ; on avait peine à concevoir comment une imagination continuellement morose pouvait être quelquefois si brillante ; l'auteur avait l'air d'un homme trop constamment fâché pour qu'on ne le taxât pas de quelque partialité. D'autres écrivains abusèrent d'une manière plus déplorable de l'effervescence des esprits. Le progrès des connaissances en tout genre, le travail continuel du style avaient donné à sa prose un grand éclat : tout devenait séduction pour les lecteurs avides d'idées nouvelles ; le charme augmentait encore, quand on les trouvait revêtues de couleurs brillantes.

Helvétius, dans ses bizarres efforts, employa les spirituelles saillies de la pensée pour matérialiser sa pensée elle-même; il la forçait, en quelque sorte, *à se poignarder avec ses propres armes*. Il déshérita la vertu de ses espérances; après avoir chassé l'imagination de son propre empire, il voulut lui en interdire à jamais l'entrée. Peut-être Helvétius céda-t-il aux influences de l'époque, qui semblaient vouloir, avec une audace présomptueuse, assigner à toutes choses des règles positives : alors, ô ridicule présomption humaine! on eût osé mesurer l'infini.

Mais voici venir un ouvrage monstrueux, *le Système de la nature*. L'auteur garda l'anonyme; on aurait pu mettre au bas du titre : par *le Néant*. C'était en effet l'assemblage de tout ce qu'il y a de plus barbare dans l'instinct, de plus froid dans la mort, de plus morne dans l'oubli, paré du vêtement pompeux de la civili-

sation : on eût dit les Grâces qui sou-
riaient sur un cadavre. Cette production
fut vantée par les esprits pervers, car elle
promettait *l'impunité au crime et le néant
au remords.*

Oui, tels furent les hommes et les ouvrages qui marquèrent d'une manière
plus scandaleuse dans ce mouvement ré-
trograde de la morale, qui fut un des
principaux phénomènes du dix-huitième
siècle. On eût dit que le génie humain,
comme épouvanté de la hauteur où il
était parvenu, avait été frappé tout à coup
d'un vertige ; dans son exaltation, il aspi-
rait à ramper : arrivé sur les frontières
de l'infini, il se troubla et ne crut voir
que le vide. Il redescendit découragé sur
la terre, et il y proclama *le Néant.*

La principale cause de tout ce désordre
moral avait pris ses commencements dans
une haine profonde contre la religion
chrétienne. Déjà, sous Louis XIV, le tiers

état et le Parlement avaient sapé l'autorité ecclésiastique. On s'était attaqué à la grandeur de l'édifice pontifical, qui croula devant la force brutale. Qu'advint-il? c'est que son sceptre brisé tomba dans la multitude, et ses débris formèrent le pouvoir populaire. Une fois Dieu ôté du Code de l'humanité, les princes et les rois devenaient plus facilement attaquables : les petits remplacent les grands, et la boussole humaine s'en va à la dérive sur des fleuves de sang; les novateurs, les philosophes, les révolutionnaires, *e tutti quanti*, s'attaquent d'abord à l'autel pour mieux saper les trônes, et quand l'effervescence des peuples est arrivée à son dernier degré, la révolution éclate et triomphe; puis, quand l'enthousiasme est passé, peu importe que la moitié d'une nation meure dans les prisons ou sur l'échafaud; sa liberté est sauvée, et c'est là ce qu'on appelle le triomphe, le progrès de la civilisation en faveur de l'esprit humain.

La guerre donc était ouvertement déclarée à la religion. Voltaire, qui n'avait lu l'histoire que pour y chercher des chefs d'accusation contre le catholicisme, avait le premier accrédité cette funeste alliance de deux idées contraires, à l'aide desquelles on confondait la religion avec la superstition. Quelques hommes supérieurs de l'époque, avides de célébrité et désespérant de trouver quelque chose d'assez neuf pour piquer la curiosité des peuples, imaginèrent cette guerre odieuse, monument éternel d'immoralité et de scandale. Quand ce poison de la perversité eut commencé à circuler dans la multitude, il ne fut plus temps d'arrêter ses funestes progrès. Tous se précipitaient sur la coupe empoisonnée et aspiraient à se désaltérer dans le breuvage funeste. Dans la première effervescence de l'esprit de liberté, on rejetait avec dédain les leçons de l'histoire comme un souvenir hideux de servitude. Il semblait qu'on ne pût être parfaitement libre si on ne brisait tous les liens, même ceux qui unissent l'homme avec son auteur par cette chaîne invisible tendue entre le ciel et la terre.

Voilà comment on nous préparait cette majestueuse histoire de 1789, avec ses hideuses saturnales, avec ses crimes dégoûtants de sang ! Encore une fois, qu'est-ce que cela pouvait faire ? La liberté était debout ! et la civilisation triomphait et du pouvoir et de Dieu même, selon le radicalisme révolutionnaire. Cette fatale disposition des esprits éleva le double écueil moral et politique contre lequel la fin du dix-huitième siècle vint échouer.

Beaumarchais, observateur malin des situations politiques et sociales, jeta sur la scène ces mouvements désordonnés de l'esprit humain, au milieu desquels il de-

cide, nuisible à l'État, aux familles, à la
religion, au pays; s'il se fût, disons-nous,
trouvé un prince assez énergique pour
envoyer tous ces ouvrages à la Bastille et
leurs auteurs à Charenton, la France entière eût battu des mains, et notre histoire, à coup sûr, serait encore vierge de
ces scènes hideuses de carnage et de dé-
vastation, qui ont fait l'effroi de toutes les
nations. Un mépris dédaigneux pour ce
qu'on voyait dans le présent, l'oubli du
passé, une confiance aveugle dans l'avenir,
tels furent les principaux traits qui carac-
térisèrent cette époque. Les mœurs, quoique prodigieusement adoucies, commen-
çaient à se corrompre sous l'influence de
la licence philosophique.

Dès lors, le matérialisme glaça les âmes,
il n'y eut plus d'élan pour les idées grandes
et généreuses; toute la chaleur des esprits,
tout l'enthousiasme de l'imagination s'ap-
pliquaient aux abstractions politiques. On

eût dit que la civilisation, cherchant quelque perfectionnement inconnu par des
théories qu'elle ne comprenait pas, usait
ses forces dans une exaltation vague, et
commençait à s'affaisser sous le poids de sa
gigantesque stature. Elle se vit tout à fait
vaincue par l'esprit révolutionnaire; il la
relégua dans les prisons et sur les écha-
fauds : tandis que la barbarie, étonnée de
renaître, régnait seule, en souveraine,
dans les places publiques, dans les assem-
blées, et dominait les flots des populations agitées. Quel étonnant et douloureux
spectacle! c'était la barbarie qui plantait
son étendard sanglant sur le sommet de
la civilisation. Peu de jours avaient suffi
pour amener cet horrible changement. Le
pouvoir de l'opinion, abandonné par le
trône à la masse éclairée de la nation, fut
bientôt conquis par les passions popu-
laires, la terreur le fit passer aux mains
d'une populace effrénée et dans la lie des

scélérats. Cette puissance, ainsi rapide-
ment tombée dans la boue, s'embrasa alors
violemment dans les ferments impurs au
milieu desquels elle se trouva précipitée.
Est-ce un songe, une illusion sanglante
ou un rêve monstrueux? Dans cette af-
freuse anarchie, tout l'ordre social est ren-
versé. La grossièreté, l'ignorance, les vices
et les crimes usurpent les premiers rangs;
la politesse, la vertu, les lumières, le génie
même, marchent tristement dans les rangs
obscurs, et regardent avec épouvante au-
dessus d'eux ces souverains grossiers, qui
règnent en tumulte, qui boivent du sang
à leur festin, et qui se trouvent mollement
couchés sur les cadavres de leurs victimes.
Ce trône, respecté par quatorze siècles, s'é-
croule avec fracas, les furies rient autour
de ses ruines fumantes! Les palais de-
viennent déserts; les tombeaux se peu-
plent; c'est la grande fête de la mort!
Chaque minute est une funéraille, chaque

jour est une épouvante, chaque nuit est un massacre. Les temples sont devenus les lieux où se célèbrent les saturnales du crime. La divinité est chassée des autels, elle est proscrite de l'univers. La religion et la morale s'enfuient dans les catacombes ; elles y consolent de nombreuses victimes, qui entendent leurs bourreaux danser au-dessus de leurs têtes, en chantant des refrains sanguinaires ; le plus révoltant cynisme est une loi parmi ces cannibales, et si quelque victime échappe à leur fureur, c'est en imitant leur sale costume et en partageant leurs hideuses orgies ; ils réclament comme leurs frères tous ceux qui nagent dans le sang, tous ceux qui se vautrent dans la fange ; l'ordure et l'impiété est leur signe de ralliement ; des haillons sanglants parent leur étendard. La voilà donc cette révolution si brillante, cette révolution plaçant à son sommet les droits des peuples, presque caressée à son

berceau par des mains royales, et encou-
ragée par des ministres du trône à former
ses premiers pas! Après avoir grandi tout
à coup, elle perdit toute forme humaine;
elle devint un monstre qui dévora ceux
qui l'avaient nourrie.

Dans le principe, on jouait sans dé-
fiance avec les éléments des révolutions;
on regardait comme une chose impossible
qu'au dix-huitième siècle, au siècle des
lumières, le sang pût jamais souiller les
débats politiques ; une douloureuse expé-
rience prouva le contraire. La dispute
commença avec les idées, elle se continua
avec les passions, elle finit avec le sang.
On proclama les droits des nations; la
multitude traduisit ces mots par la toute-
puissance de la force physique. Pendant
son règne affreux, la populace attirait
dans son sein ceux qui lui demandaient
des acclamations et des triomphes; quand
elle ne pouvait pas les faire descendre jus-

qu'à elle, elle les brisait; elle choisissait alors, dans un rang moins élevé, d'autres idoles, qui devenaient à leur tour d'autres victimes, jusqu'au jour où, épouvantée de l'audace sanguinaire de son dictateur, et lasse sans doute de commander à la mort, elle laissa échapper son sceptre. Elle ne pouvait plus régner; car, Robespierre mort, il ne se trouva plus un ministre assez cruel pour un maître aussi féroce.

C'est ainsi que commencent les révolutions, c'est ainsi qu'elles finissent. Mais comment aussi se faisait-il que la barbarie se fût formée des dépouilles de la haute civilisation? N'eût-on pas dit que cette classe de la société, qui se livra à des fureurs inouïes, était restée constamment barbare, tandis que les autres classes s'étaient successivement civilisées par le travail du temps et par le labeur de la pensée? Plusieurs observations expliquent ce phénomène moral. Celle qui rentre le mieux dans notre sujet est celle-ci : La seule civilisation possible dans les derniers rangs de la population émane directement du sentiment religieux ; s'il arrive, par quelque cause que ce soit, que ce sentiment s'efface, ou seulement se pervertisse, alors il ne reste plus parmi ces êtres grossiers, qui s'agitent sous les haillons de la misère, que l'abrutissement de l'instinct, que les fureurs du désespoir, que les violences du crime, que les orgies de la débauche. Il n'y a plus d'infamie pour ceux qui roulent pêle-mêle dans la fange ; il n'y a plus de meurtre pour ceux qui se disent que le plus fort doit régner sur le plus faible. La nature, découragée par l'humaine perversité, semble abandonner au hasard ces restes dégradés des populations.

Voilà cependant ce qui restait de la France après la plus terrible des révolutions. Ses vieux siècles de gloire avaient disparu; car le passé n'existait plus pour des êtres abrutis. Le présent était pour eux la réalité du crime, l'avenir en était l'espérance. Oui, si ce désordre moral eût duré seulement pendant le cours d'une génération, et qu'un homme, venu d'un pays lointain, eût demandé si, avant cette catastrophe, il avait existé une France, il n'aurait peut-être plus trouvé personne pour lui répondre. Alors Paris eût été l'image de Rome avant que le christianisme ne lui eût redonné la vie et la gloire, cette gloire et cette vie que la Révolution veut aujourd'hui lui ravir!

Mais un prodige nouveau va s'opérer : la civilisation, indignée de cet horrible contre-temps qui a suspendu sa marche, renaîtra brillante de ses débris. Déjà la férocité laisse tomber ses haches sanglantes, la Divinité rentre dans les temples, la société cherche parmi les ruines son ancienne place, la sensibilité, bannie parmi les bourreaux, reparaît parmi les hommes. On donne des larmes à ceux qui ne sont plus, on console ceux qui restent; la douce pitié renaît de toutes parts. On ne sait plus ce que sont devenus ces êtres atroces qui buvaient le sang des générations; on dirait que la puissance invisible du néant les a tous engloutis.

Un Dieu juste prend en pitié les maux de la France; ses larmes lui seront comptées, ses douleurs auront leur salaire, ses gémissements et ses soupirs leur récompense!

Un génie grave et majestueux s'élève au milieu des ruines et les féconde. Le sceptre du pouvoir populaire se désenchante; il tombe dans la boue; nul n'ose le relever. En quelques jours l'anarchie passe à la république, la république à la dictature, la dictature au consulat, le consulat à l'empire. La civilisation consolée sèche ses pleurs dans les bras de la gloire. L'enthousiasme, qui avait succombé sous la main de plomb du matérialisme, et sous le sceptre grossier de la multitude, reparaît brillant d'une nouvelle jeunesse. Tout annonce que la barbarie n'a eu qu'un règne de quelques jours, et que le fil d'or qui guide la civilisation vers l'avenir n'a point été rompu. Un feu sacré anime toutes les âmes, on dirait que chacun s'empresse à réparer les maux de la patrie et à cacher ses ruines. Tous les arts éclatent tout à coup; ils se cherchent, ils se consolent, ils s'étonnent de ce contraste. Hier on était un peuple barbare, aujourd'hui on est la nation la plus civilisée de la terre.

Quel est ce mortel extraordinaire qui paraît, comme une vision céleste, au-dessus de la multitude? Caché dans les rangs obscurs de l'armée, dans les jours de deuil où la société expirante tombait sous le fer des bourreaux, sa pensée, aussi généreuse qu'elle était pleine de génie, méditait le

salut de la France. Napoléon paraît!.....
Devant cet astre radieux qui sauva la civilisation, la France et la religion, notre
plume s'arrête, saisie d'admiration! . .

. . . .

———————

MÉMORIAL NOBILIAIRE

DU

RÈGNE DE LOUIS XIV

Gaston, duc d'Orléans, Condé, duc d'Enghien, de Gassion, de l'Hospital, le marquis de la Ferté Senneterre, le baron de Sirot, les marquis de Gesvres et d'Aumont, le comte de Grancey, M. d'Espenan, le chevalier de la Vallière, le marquis de Paluau, le marquis de Lenoncourt, MM. de Perceval et de Lescot, le comte de Tavannes, le marquis d'Andelot, le chevalier de Chabot, MM. de Jarzé et de la Plante, le vicomte de Turenne, le prince Thomas, le comte Duplessis-Praslin, de Guébriant, le comte de Rantzau, le marquis de Mon-

4.

tausier, le duc de Brézé, le cardinal Mazarin.

M. de Bouteiller, de Chavigni, le cardinal François-Achille d'Etampes de Valencé, de Grammont, le marquis de la Boulaye, le comte de Tournon, les comtes de la Feuillade, Saint-Aignan, de la Rocheguyon, M. de Linières, de la Motte, de Vitry, de Saint-Luc, le marquis de la Châtre, Livri, Pisani, Bouri, Chatelus, le marquis de Villeroi, le comte d'Harcourt, le cardinal de La Rochefoucauld, M. des Noyers, le marquis de Pienne, M. de Puységur, de Fiesque, le marquis de Thémines, de Fleix, le duc de Nemours, de Pondevaux, le marquis de Laval, de Vignaut, de Bréauté, de Murs, le Porcheux, d'Aubeterre, de Grave, de Blancafort, de Poix, de la Meilleraie, de Chatillon, de Bassompierre, Henri prince de Condé, le duc de Longueville.

Le comte d'Avaux et M. Servien, le marquis d'Hocquincourt, le marquis Duplessis-Bellière, de Villequiez, le comte de Clermont, Vertillac, le jeune duc de Richelieu, de Schomberg, d'Etrées, Marcin, La Fare, La Trousse, de la Moussaye, le marquis de Noailles, le comte de Choiseul, de Laubespine, Honoré d'Albert, duc de Chaulnes, de Manicamp, Gadagne, Bougi, Rose, Cossé, Montatère, Pradelle, de Châteauneuf, Molé, Séguier, le comte de Maré, de Saint-Mégrin, Nantouillet, le Fouilloux, Mancini, le cardinal de Retz, Armand de Caumont, duc de la Force, le duc d'Epernon, comte de Boutteville, maréchal de Luxembourg.

Le vidame de Laon, le duc de Vendôme, le comte de Brinon, le marquis de Vardes, le comte d'Augnion de Foucault, de Miossans, le comte de Grandpré, le colonel Balthasar, le marquis de Bellefonds, le marquis de Faber, le duc de Joyeuse, le chevalier de Créqui, le marquis de Montjeu, le comte de Charots, M. Delumier, le marquis de Merinville, le commandeur Paul, de Gabaret, de Foran, le chevalier de Valbelle, le comte de Tracy, le chevalier de Ruré, de Vautourneux, le marquis de Castelnau, de la Borde, de Lionne, le marquis de Saint-Abre, de la Mothe-Houdancourt, les comtes de Coligny et de Bouteville, le marquis de Gavagne, les comtes de Soissons et de Guiche, le marquis de Lede, le duc d'Epernon, le comte d'Estrades, le duc de Créqui, le comte de Guiche, le duc de Beaufort.

M. d'Ormesson, François-Annibal d'Etrées, duc de Grammont, Charles de la Porte de la Meilleraye, Armand-Charles de la Porte duc de Mazarin, Nicolas de Neuville Villeroi, Gabriel de Rochechouart, duc de Mortemart, Charles, duc de Créquy, François de Beauvilliers, duc de Saint-Agnan, Jean-Baptiste-Gaston duc de Foix, Roger Duplessis, duc de Liancourt, René

Potier, duc de Tresmes, Anne, duc de Noailles, Armand du Cambout, duc de Coaslin, le cardinal Grimaldi, M. Colbert, de Tourville, Philippe de Clérambault, le chevalier de Saint-Laurent, M. de la Barre, M. de Vauban, le duc de Rohanne, de la Feuillade et M. du Passage, de Saint-Sandoux, le duc de Duras, le marquis de Belfonds.

Le cardinal Louis duc de Vendôme, le marquis de Fourille, le comte de Saint-Pol, duc de Longueville, le duc de Caderousse, le comte de Villemort, le duc de Château-Thierry, d'Humières, Jacques d'Etampes, marquis de la Ferté-Imbart, de Maupertuis, de la Hoguette, de Rigoville, de Castelan, M. le Bret, le marquis de Dampierre, le comte de Choiseul, Colbert de Maulevrier, Montreuil de Ranes, le marquis de Martel, le marquis de Nointel, le prince de Tarente duc de la Trémouille, Hardouin de Perefix archevêque de Paris, François de Harlai son successeur, le cardinal Barberin, le cardinal de Bouillon, le cardinal César d'Etrées, le comte de Chamilli.

Le comte de Valin, le chevalier d'Arquiem, M. de Saint-Hilaire, le commandeur de Pezenas, MM. de Beauvesé, de Saint-Remi, Voisin, de Chenoise, le comte de Revel, le comte de Nogent, M. du Bourg, le marquis de Guitré, le chevalier de Salart, les comtes de Théobon, d'Aubusson, le marquis de Tasse, le marquis de Bernighen, le comte de Tréville, le prince de Marsillac, le comte de Revel, le marquis de Montrevel, de Termes, de la Salle, du Ménil-Montauban, le comte de Saulx, le marquis de Beauveau, Malagotti, Martinet, Souris, M. d'Apremont, le comte de Carman, le comte d'Estrades, M. Foucaut, le marquis de Rochefort, le marquis de Joyeuse, le marquis de Bois-Dauphin, le comte de Meillé, le chevalier de Boufflers, le comte de la Marck, M. de Montal, des

Rabinières, le commandeur de Valbelle, le chevalier de Seppeville.

Les comtes de Sourdis et de Blenac, M. Pannetier, MM. des Ardents, du Maignon, le cardinal Pierre de Bouzi, le marquis de Resnel, de Beauvais, Coulanges, le comte de Clère, le marquis de Bandeville, le comte de Broglio, le marquis de Beaumont, le marquis de Chauvalon, M. de Lazanci, le marquis de Coëtlogon, M. d'Amblimont, le marquis de Valavoir, Etienne d'Aligre, le marquis de Moussy, le marquis de Vaubrun, le comte de Lorges, le comte de Roye, M. de Castelas, Duquesne, le marquis de Preuilly, le chevalier de l'Héri, de Lafayette, d'Ali, Septerne, de Relingue, Bellefontaine, d'Alméras, Tambonneau, de Cous, le marquis d'Amfreville, le marquis de Béthune, le marquis de Bourlemont, le baron de Monclar, le chevalier de Lezi, Le Tellier, de Lamoignon, le duc d'Elbeuf.

De la Bretèche, de Montal, le baron de Quincy, le comte de Saint-Georges, le comte de Fimarcon, de Novion, de Chavigni, Henri de Lévi, duc de Ventadour, François de Crussol d'Uzès, M. de Catinat, Henri de la Ferté-Senectère, de la Vrillière, de Ville, les chevaliers d'Artagnan et de Comminges, MM. de Serigny et de la Tremblaye, Dupuis-Vauban, de Hauteville, Louis de France comte de Vermandois, le marquis de Seignelai, le marquis de Montgon, le marquis de la Rivière, le seigneur de Chaulieu, le comte de Tourville, le chevalier des Adrets, le chevalier des Goutes, le marquis de la Valette, le comte du Plessis, le comte de Tonnerre, le marquis de Sancerre.

Le comte de Cressi, de Gravelle, de Lorges, de Boucherat, le marquis de Feuquières, le chevalier de Chaumont, de Vaudricourt, le duc de Gèvres, M. de Fourcy, le marquis de Lavardin, le marquis d'Enonville, le maréchal de Duras, le duc du Maine, le marquis du Bordage, de Nesle, le chevalier de Longueville, M. de la Londe, Dénonville, Courtin et Chauvelin, le marquis de Presle, le comte de Château-vilain, le marquis de Courtenvaux, de Villaudri, de Sandricourt, de Cormaillon, Renaut, de la Lande, le comte de Mornay, le comte de Grignan, le comte de Tours, le comte de Château-Renaud, le comte de Tirconnelle, de Lausières, le marquis d'Uxelles, le comte de Montsoreau, le marquis de Hautefort, le comte de Bailleul, le marquis de Vieubourg, MM. de la Chassagne et de Blacas, le marquis de Nesmond, de Maumont, de Boisseleau, le comte de Frontenac, le chevalier de Clermont, M. de la Touche, de Gournai, de Saint-Rut, marquis de Seignelai, M. de Phelippeaux, de Pontchartrain, Toussaint Forbin de Janson, cardinal.

De Braques, d'Alincourt, le marquis

d'Antin, le prince de Courtenai, le marquis de Tilladet, le comte de Saint-Florentin, Polier, les marquis de Murée et de Vins, de Beauregard, le chevalier d'Estrades, le marquis de Guemadeuc, le marquis de Blainville, de Surlaube, le comte d'Albret Stoop, Maupeou, Vigni, le marquis de Thiange, de Puységur, M. de Rosen, le prince de Soubise, le marquis de Larrai, de Montchevreuil, Bolhen, Saint-Simon, Quoad, le prince Paul de Lorraine, de Gournay, de Saint-Mars, le marquis de Chauvallon, de Gaugeac, Chatenai, le marquis de Beaupré, le duc de Montmorency, de Pracontal, de Lignières, de Rebé, le comte de Lusse, le comte de Lassé, le marquis de Surville.

De Marin, d'Imecourt, de Sorbek, de Greder, de Pluvaut, de Silli, de Poinségur, le duc de Bournonville, les chevaliers de Silleri et d'Asfeld, de Ximenes, le marquis de Rochefort, le chevalier de Villeroi, le comte de Grandpré, le marquis de Fourille, de Saint-Estève, de Saillant, de Rainold, de Chelberg, le marquis de Villequier, le comte de Vaubecourt, le prince d'Epinoy, le chevalier de Tessé, de Bachevilliers, de la Hoguette, Augier, de Blénacl, de Belleisle, Errard, du Chalard, le comte du Bourg, les comtes de Druys, de Baudeman et Sibourg.

De Chaseron, Quinson, Saint-Silvestre, de Montluc, le marquis de la Garde, de Banoise, le marquis de la Valette Thomas jeune, le comte de Servon, de Vaise, du Plessis, le marquis de Langeron, Jean-Bart, de Fricambaut, les comtes de Morstein et Quélus, de Moulinneuf, des Barréaux, de Vinox, de Reignac, de Bragelonne, de Prince, le comte d'Albert, de Méprigni, le Féron, du Fai, le chevalier de Mongon, le marquis de Crenon, de Polastron, Louis-Antoine de Noailles, cardinal archevêque de Paris, de Gènes, du

Brouillan, le comte de Longueval, le comte de Coigni, le comte de Maillé, de la Croix, de Harlai, de Créci, de Caillières, Du Gai-Trouin, de Pointis, d'Yberville, d'Audigné, Lapara, Chelleberg, Massais, de Cognies, le cardinal de Coislin, abbé Berthier, évêque de Blois, Adrien de Vignacourt, grand-maître de l'ordre de Saint-Jean de Jérusalem.

Boucherat, de Chamillart, le cardinal de Bouillon, de Saint-Frémont, le marquis de Cambout, le duc de Lesdiguières, le comte d'Esterre, le marquis de Dreux, le comte de Solre, le marquis de Barbezieux, d'Arennes, le marquis de Montandre, le chevalier de Croui, de Courlandon, de Langei, de Cailus, de la Chetardie, de Mahoni, de Burke, de Beaulieu, Vacop, de Wartigny, de Saint-Aurin, de Besons, de Montproux, Sesanne, de Lignerac, le comte de Marion, de Varo, de Labadie, de Violaine, le comte de Charrost, le marquis de Saint-Sulpice, le chevalier de Croissi, des Bordes, Saint-Maurice, de Magnac, marquis de Grammont, le comte du Tallard, d'Aligre, le marquis de la Galissonnière, de Monbart, de la Maisonfort, de Lescalette, de Pont de Vèse, Duplessis-Liancourt, de Pimont, de la Tour-Landri, de la Valette, de Marigni, de Lambourt, du Chastelet.

Le chevalier Bagon, de Saint-Victor, Hardi, de Marivaux, de Legall, du Héron, de la Pérouse, le marquis d'Aubusson, de la Serre, Brossard, de Mont-Gaillard, de Fontboisard, de Merinville, de Forsat, d'Usson, de Lée, le marquis de Pracontal, d'Auriac, Gaëtano, de Calvo, le prince de Croï, le marquis de Mense, de Barat, le marquis de Puyguyon, de Fianne, le marquis de Bedmar, de Séguiran, le duc de Mortemart, Brissart, Duret, le chevalier de Sourches, Marsillac, de Courville, le comte de Guiscard, de Bai, le comte de

Horn, Grimaldi, le chevalier de Bonnelle, de Rieu, le comte de Chemerant, Auger, le chevalier de Saint-Pol.

Le comte de la Luzerne, de Beaujeu, de Roquefeuille, de Langetal, de Vergetot, Saint-Pater, de Morangiès, de Goas, de Goëbriant, le marquis de Nellancourt, le marquis de Lystenai, le comte de Beaufremont, de Laubanie, le duc de Montfort, de Beaufermé, le marquis de Thoi, le comte de Toulouse, le bailli de Lorraine, de Relingue, de Belle-Isle, le marquis de Villette, de Sainte-Maure, du Casse, de la Roche-Allart, de Sommeri, de Tierceville, d'Herbaut, de Basville, de Lautrec, de Vérac.

Le comte Albergotti, de Vaudrai, de Chaumont, de Moria, le chevalier de Forbin, le marquis de Praslin, de Péri, de Caraman, de Pointis, Hennequin, le comte d'Illiers, Filei, le comte de Laval, de Medavi, de Bissi, de Maulevrier, Dillon, Fitz-

Gérard, de Château-Morand, de Capi, de Sebret, le prince de Vaudemont, le marquis de Mesières, le marquis de Gouffier, de Bousole, de Maigremont, le marquis de Bar, de Zurlaube, d'Aubigné, le marquis de Courcelles, le prince de Soubise, le marquis de Coëttenfao, le marquis de Janson, le comte de Canillac, le comte d'Egmond, le baron de Palavicin.

Le marquis de Courcillon, le comte de Plice, le marquis de Sommeri, le marquis de Pourpri, d'Arifax, de Trébons, la Surière, le chevalier du Rosel, Joubert, Boufflers, de Stref, de Geofreville, le marquis de Bai, le comte de Chavagnac, Lanquetot, le cardinal de la Trémouille, de la Jonquière, d'Arennes, de Mirosménil, le marquis de Vivant, de Guerchois, le marquis de Langeron, le chevalier de Nangis, de Béarnois, de Courserat, de Nesmond, de Tourouvre, le marquis de la Jamaïque, le comte de Mouroux, le comte de Gassé, de

Longchamp, de Saint-Ovide, de Saint-Eugène, de Dépensens, Cassart, Laigle.

Le comte d'Artagnan, duc de Monterguion, de Pommereu, de Brandelai, Valori, le comte de Lannion, de Jaucourt, de Chastenai, de Ravignan, de Solar, le comte de Bérenger, de Jaï, le marquis de Listenai, de Cabestan, le chevalier de Bouil, de Grever, du Fort, d'Audencourt, le marquis de Léonne, de Mauviel, le marquis de Brancas, le marquis de Belabre, les marquis de Rothelin et de Thiboutot, le duc d'Avré, de Louvigni, le duc de Roquelaure, le marquis de Caylus, de Planque, d'Ansé, le marquis d'Arpajon, le comte de Muret, le comte de Melun, Bonnet, d'Autrice, de Permangle, d'Astour, de Verceille, d'Hérouville.

Le marquis de Beaufremont, du Thil, de la Fond, le marquis d'Aubigné, de Colandre, le comte d'Estain, de Marquisan, de Norci, de Manse, les chevaliers de

Gouyon et de Courserac, de Beauve, d'Auberville, de Ricouart, de Vauréol, Saint-Osmanes, de Belsunce, le prince de Tingri, chevalier de Luxembourg, Milon, de Lomont, le prince d'Issenghien, le marquis de Mouchi, le comte d'Esparre, de Marnai, de Savines, de Boufflers, de Remiencourt, le marquis de Maillebois, le prince de Rohan, le marquis d'Alègre, du Revest, de Prestesiliers, de Moans, le prince de Talmont, le chevalier de Peseux, le comte de Laval, de Contade, le duc de Fronsac.

Monerot, du Hamel, le chevalier de Montolian, de Villemeneux, le baron de Chastelaillon, de Taleyran, de Houdetot, de Resves, de Balincourt, de Châtillon-Nonant, le comte de Mirabel, le prince de Robec, de Mérode, les comtes de Charni, le chevalier de Damas, de Crevecœur, les chevaliers Josse et de Neves, de Laver, de Carbon, de Roissi, Sarrotte, de Sançai, chevalier Thiéri, Démon, Voisin,

le duc de Beauvilliers, le cardinal d'Es-
trées, François de Salignac de la Mothe-
Fénelon, le cardinal de Bouillon, Henri
Thiars de Bissi, évêque de Meaux, cardinal de Quélus, de Lechezène, de Ribadeo,
de Cani.

FIN.

Paris. — Typographie HENNUYER, rue du Boulevard, 7.

www.ingramcontent.com/pod-product-compliance
Lightning Source LLC
LaVergne TN
LVHW022146080426
835511LV00008B/1288